全くダメな英語が1年で話せた！
アラフォーOL Kayoの イギリス奮闘記

原作　重盛 佳世
作画　たかはしみき

Contents

Episode 0 はじめに　(005)

Episode 1 魔法の言葉　(013)
Lesson 1　魔法の言葉 便利な"do"の使い方　(018)

Episode 2 サリーとビル　(021)
Lesson 2　食事の時は絶好のコミュニケーションの場　(026)

Episode 3 お気に入り　(029)
Lesson 3　会話をもっと楽しく！ネイティブの言い回し　(034)

Episode 4 草刈免許　(037)
Lesson 4　"make/let/allow"の微妙な違い　(042)

Episode 5 I wish　(045)
Lesson 5　"I wish"の使い方　(048)

Episode 6 似ている部分　(051)
Lesson 6　会話をもっと豊かに！ネガティブな表現　(054)

Episode 7　イギリスを食べる！？ 057

Lesson 7　会話をもっとリアルに！ ネイティブのパブトーク 062

Episode 8　イギリスは "カードの国" 065

Lesson 8　たくさんある動詞 "make" の使い方 070

Episode 9　不思議な食べ物 073

Lesson 9　ストレートな感情表現 078

Episode 10　クリスマスは特別 081

Lesson 10　パーティでは家族や親戚が勢ぞろい！ 086

Episode 11　オリジナルケーキが大人気！？ 089

Lesson 11　イメージやキャラクターを説明しよう 094

Episode 12　takeとbring, goとcomeの違い 097

Lesson 12　言葉の使い分け "too/enough" 100

Episode 13　ライフワークはお散歩 103

Lesson 13　仲良くなってくると使えるアドバイスや感謝の言葉 108

Episode
0

はじめに

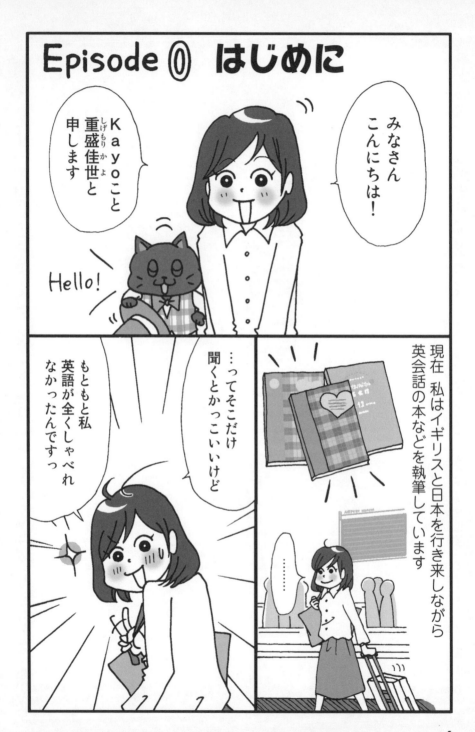

Episode
1

魔法の言葉

魔法の言葉 便利な"do"の使い方

Lesson 1

> 「do」は何でも含んでしまう便利な言葉。イギリス人は特定の動詞を使わずにdoで会話することも多いんです。少しぐらい単語を知らなくても、「do+ジェスチャー」で乗り切ることができます！

6つの"do"の使い方

1 宿題をする
例文 Did you **do** your homework yesterday?
（昨日、宿題した？）

2 家事をする
例文 Did you **do** the housework?
（家事した？）

3 最善を尽くす
例文 I **did** my best but I failed the exam.
（最善をつくしたけど試験に落ちちゃった。）

4 私のお願いを聞いて
例文 Could you **do** me a favour?
（私のお願いを聞いてくれる？）

5 家事に関する熟語

do the cooking	料理をする
do the washing	洗濯をする
do the washing-up	食器を洗う
do the garden	庭の手入れをする
do the ironing	アイロンをかける
do the windows	窓をきれいに拭く
do the room	部屋の模様替えをする

6 その他の **do** 熟語

do one's teeth	歯を磨く
do one's face	化粧する
do one's nails	爪にマニキュアを塗る
do one's hair	髪をセットする
do the shopping	買い物に行く

Episode 2

サリーとビル

食事の時は絶好のコミュニケーションの場

Lesson 2

食事の席は会話のスキルを上げる絶好のチャンス！ 会話を広げていくためにもまずは食べ物の基本的な数え方を知りましょう。そして「美味しい」という表現もdeliciousだけではワンパターン。味を表現するいろんな単語をご紹介。

水　a **glass** of water

> 例文　Can I have a **glass** of water?
> （水1杯もらえますか？）

> 複数形　Two **glasses** of water
> （水2杯）

パン　a **slice** of bread/a **piece** of bread/a **loaf** of bread
（パン1枚）　　　　（パン1切れ）　　　　（パン1個）

バター　two **slices** of butter
（バター2切れ）

コーヒー　a **cup** of coffee
（コーヒー1杯）

砂糖　two **spoons** of sugar/a **lump** of sugar/ten **cubes** of sugar
（砂糖スプーン2杯）　　（角砂糖1個）　　　（角砂糖10個）

チョコレート　two **bars** of chocolate/a **box** of chocolate
（チョコレート2本）　　（チョコレート1箱）

ケーキ　a **piece** of cake/a **slice** of cake
（ケーキ1切れ）　　（ケーキ1切れ）

ビール　a **glass** of beer/three **bottles** of beer/ten **cans** of beer
（ビール1杯）　　（ビール3本）　　　（ビール10缶）

肉　a **piece** of meat/a **chunk** of meat
（肉1切れ）　　（肉1塊）

美味しい／不味いの表現

↑ 超美味しい

delicious
（超美味しい）

yummy
（とっても美味しい[幼児言葉]）

tasty
（美味しい）

nice/good
（イケる）

soso
（まぁまぁ）

not good
（微妙）

tasteless
（不味い）

disgusting
（かなり不味い）

horrible
（超不味い）

↓ 超不味い

その他の味覚表現

甘い
sweet

しょっぱい
salty

酸っぱい
sour

苦い
bitter

辛い
hot/spicy

新鮮な
fresh

みずみずしい
juicy

健康的な
healthy

Episode
3

お気に入り

会話をもっと楽しく！ネイティブの言い回し

Lesson 3

「My cup of tea.」のように、ネイティブは様々なフレーズを会話の中で使っています。ここでは、それらの一部をご紹介。ただし、これらはとてもカジュアルな表現なので、日常生活ではOkayですが、フォーマルな場では注意です。

フレンドリーな会話

- Could I use your phone for a moment?
  （ちょっとの間、電話借りてもいい？）

  → **By all means**! Help yourself.
  （もちろん、いいよ！　好きにして。）

- Bye! I'm off now!
  （バーイ！　失礼しまーす！）

  → **Hang on second**. Where are you going?
  （ちょっとまって。どこに行くのよ？）

  ※電話でよく使う「ちょっとまって」は "Hang on"

- I'm **dying for a drink**.　とっても喉が渇いている時
  （何か飲みたーい！）

- I'm **dying for a holiday**.　休みが待ち遠しい時
  （休暇が待ちきれない！）

- He is **my cup of tea**.（彼は私のお気に入りなの。）

- Right! Let's go for 10miles jog in the park?
  (さぁ10マイル公園を走ろうか？)
  → **You must be joking!** （冗談だろ！）

- When he told me he had smashed my car, I was furious!
  (私の車を彼がぶつけたと話した時、とっても頭にきたの！)
  → **I bet** you were. I can understand your feelings.
  (確かに…。その気持ち、わかるわ。)

- **Let me have a look.**
  It's great! You are a good photographer.
  (見せて。いいね！君はいいカメラマンだ。)

- I'm really sorry, I can't go out with you this week.
  (本当にごめんなさい。今週は一緒に出かけられないの。)
  → **Never mind.** Let's try again next week.
  (気にしないで。次の週にしよう。)

Episode
4

草刈免許

"make/let/allow"の微妙な違い

Lesson 4

「人に〜させる／〜させられる」とか、「許可する／許可される」などの違いはややこしいけど、日常会話には欠かせない表現。実際に"草刈免許"はありませんが、ほかの例も見ながら理解して、英語力をアップさせよう！

make
・させる

make ＋人＋動詞

例文

My mother **makes** me do the washing-up.
（母は私に食器洗いを**させる**。）

let
・させてやる
・することを許す

| let ＋人＋動詞 |

例文

My dad doesn't **let** me use his car.
(お父さんは私に車を**使わせない**。)

allow
・許す
・認める

| be ＋allowed ＋ to ＋動詞 |

例文

I'm not **allowed** to go into this room.
(私はこの部屋に**入らせてもらえない**。)

意味の違いは？

make → 影響を持つ人やモノが別の人間に何かをさせる。

let/allow → 何かをするための許可や承認を与える。

Episode
5

I wish

"I wish" の使い方 Lesson 5

「〇〇ならいいなぁ…」「〇〇だったらなぁ…」はよく使う言葉だけど、こういうときはwishを使います。イギリス生活に慣れてきたら、これらを使って会話を膨らませていきましょう！

願望表現の決まり

"I wish" に続く文は、一つ前の時刻になります。
そして肯定文なら否定文に、否定文なら肯定文になります。

- It's Monday morning. （月曜の朝です。）
  現在形

  → **I wish** it **wasn't**. （月曜じゃなかったら…。）
  過去形／否定

- I drank too much. （飲みすぎました。）
  過去形

  → **I wish I hadn't**. （飲みすぎなかったら…。）
  過去完了形／否定

- I haven't been to England.
  現在完了形　（私はイギリスに行ったことがない。）

  → **I wish I had**. （行っておけば…。）
  過去完了形／肯定

4つの願望パターン

1 現在の願望（〜ならいいのに）
wish + 過去形

> 例文　I **wish** I **was** stronger.
> （私が強ければ。）

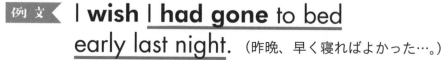

2 過去の願望（〜だったらいいのに）
wish + 過去完了形

> 例文　I **wish** I **had gone** to bed early last night. （昨晩、早く寝ればよかった…。）

3 才能や能力（〜できればいいのに）
wish + could

> 例文　She **wishes** she **could** drive.
> （彼女は「運転さえできればなぁ」と願っている。）

4 自分以外のこと（○○が〜してくれたらいいのに）
wish + would

> 例文　I **wish** the bus **would** come.
> （バスが来てくれたらなぁ…。）

Wish の代わりに hope を使うと…？
未来への願望

● I hope 〜　　例文　He **hopes** to go to university.
（彼は大学に行くことを望んでいます。）

Episode
6

似ている部分

会話をもっと豊かに！ネガティブな表現

Lesson 6

「not very ～」(～ではない)のような言い方は、よく使われるネガティブな表現。生活していれば楽しいことばかりじゃなく、イライラしたり、落ち込んだり…。こんな時、サラッとこんな言い回しをして気分を変えましょう！

ネガティブな気分の時

「全くダメ、全然だよ」 ※可能性ゼロの時

例文 Have you applied for that job?
（あの仕事に応募したの？）

→ No, **there is no point**.（ダメ、全然ダメだよ。）
I wouldn't stand a chance.（可能性ゼロさっ。）

「頼むから○○してくれよ」 ※ちょっとイラつき気味の時

例文 What if I forget everything in the exam?
What if my pen runs out?
（もし試験で全て忘れちゃったらどうしよう…？
もしペンのインクが無くなっちゃったらどうしよう…？）

→ **For goodness sake**, stop worrying!
You'll be fine. Just don't panic!
（頼むから、そんなにクヨクヨするのをやめてくれないか！
君は大丈夫だから、落ちつけよ！）

「大きなお世話だ」　※放っておいてほしい時

例文 Who was that I saw you with last night?
（夕べ一緒にいたのは誰？）

➡ **Mind your own business**!
（大きなお世話だよ！）

「もう、どうでもいい！」　※何もする気が起きない時

例文 Are you going to phone John again?
（ジョンにまた電話するの？）

➡ **I can't be bothered.**
I've left five messages for him, and he's never replied.
（もういいのよ。
彼に５回留守電を入れたけど、全くかかってこないの…。）

「もう〜にはうんざり…」　※飽き飽きした時

例文 I'm so **fed up with** all this work!
I'll have a break and switch a feeling.
（この仕事には**うんざりしてるの**！　休憩して気分転換するわ。）

Episode
7

イギリスを食べる!?

会話をもっとリアルに！ネイティブのパブトーク

Lesson 7

ネイティブな会話を楽しみたいなら、パブは絶好の場です。イギリス人は老若男女、パブが大好き！ パブではいろんな情報や会話が飛び交います。そんな中からイギリスらしい、パブならではのフレーズをご紹介します。

パブでの会話

「私の番！」
※パブではその都度"割り勘"なんてやってられません。
まず、誰かがみんなの分を払ったら、次は自分がみんなの分を払います♪

例文 Let me buy you a drink.
（お酒買ってくるね！）

→ No! It's **my round**. What would you like?
（違うよ！ 今度は僕の番さ。何がいい？）

「イッキ！」
※やっぱりどこも一緒です。

例文 **Bottoms up**!
（イッキいけー！）

「ザル」
※飲み仲間が酔いつぶれてテーブルの下に倒れても「まだ飲める」という意味！

例文 I can **drink you under the table**!
（オマエより、もっと飲めるよ！）

「下戸」 ※お酒を全く飲めないイギリス人もいるんです!

例文 You're such **a lightweight**!

(オマエは本当に**下戸**だなぁ~!)

「二日酔い」

例文 He has a **hangover**!

(彼は**二日酔い**さ!)

「酔っ払い」 ※ちょっと酔っぱらってイイ感じになってる人

例文 He was a bit **tipsy** last night.

(彼は昨晩ちょっと**ほろ酔い**でした。)

「終了前のお知らせ」 ※店終了30分前のベル

例文 **Time, gentlemen. Please!**

(終わるわよ!/時間よ!)

★パブのバーが閉まる時とパブの主人がベルを鳴らし、こう叫ぶのです。
飲み足りない人はここで最後の1杯を注文!30分後にお店が閉まります。

Episode
8

イギリスは"カードの国"

たくさんある動詞 "make" の使い方

Lesson 8

> "make＝作る"で覚えている人もいると思いますが、makeにはたくさんの活用法があります。物作りの場面だけではない、様々なシチュエーションで使える便利な活用法をチェック！

7つの "make" の使い方

1 決心する

例文

I **made** up my mind to buy red sandals.
（[店で悩み…] 赤いサンダルを買うことを**決めた**。）

2 仲良くなる

例文 She **makes** friends very easily.
（彼女は誰とでも簡単に**友達になれます**。）

例文 He **made** friends with John.
（彼はジョンと**仲良くなりました**。）

3 お金を稼ぐ

例文

He **makes** a lot of money in business.
（彼はビジネスで**お金を儲けて**います。）

4 電話する

例文

She **makes a call** to her mother everyday.
(彼女はお母さんに毎日**電話をする**。)

5 セッティングする

例文

They **made an appointment** with the other client.
(彼らは他のクライアントと**アポイントを取った**。)

6 食事を作る

例文

I **made soup** yesterday. (昨日**スープを作りました**。)

★食事の下ごしらえをする時は"prepare"を使います。

7 その他の make 熟語

make a cup of tea	お茶の用意をする
make an excuse	言い訳をする
make a display	見せびらかす
make an effort	努力する
make a mistake	間違える
make a noise	音をたてる・大騒ぎする
make a speech	スピーチする
make sure	確認する

Episode
9

不思議な食べ物

ストレートな感情表現

Lesson 9

美味しいものを食べた時やキレイなものを見た時、日常の中で「キレイ！」「ステキ！」等、ストレートな感情を表現することって多いですよね。見た時や感じた時に出す素直な感情表現はぜひ覚えておこう！

味わう

It ＋ **tastes** ＋ 形容詞

例文　It **tastes** delicious.（美味しい〜）
※美味しいものを食べた時の定番

　　　　It **tastes** marvellous.（素晴らしい味・超美味しい）
※料理が素晴らしかったり、感動した時

感じる

It ＋ **feels** ＋ 形容詞

例文　It **feels** strange.（奇妙／変な感じ）
※感触が変だった時

　　　　It **feels** miserable.（最悪／悲惨）
※大失敗した時とか、悲しい気持ちになった時

ストレートな感情表現に便利な "What" と "How"

名詞が付く時には "What"、付かない時（形容詞のみの時）には "How" を使います。言う時も感情をこめて、What や How 強めに言うとより伝わります。

● **What ＋ 形容詞 ＋ 名詞！**（なんて○○な△△なの！）

> 例文　**What** a silly mistake!
> （なんてバカな間違いなの！）
>
> **What** delicious soup!
> （なんて美味しいスープなの！）

● **What ＋ 名詞！**（なんて△△なの！）

> 例文　**What** a mess!
> （なんて汚いの！）
>
> **What** beauty!
> （なんて美しいんだ！）

● **How ＋ 形容詞！**（なんて○○なの！）

> 例文　**How** beautiful!
> （なんて美しいの！）
>
> **How** absolutely fabulous!
> ※副詞を入れて強調することも出来ます。
> （全くなんて素晴らしいんだ！）

Episode
10

クリスマスは特別

パーティでは家族や親戚が勢ぞろい！

Lesson 10

家族や親戚が集まって過ごすクリスマスは大勢で楽しむ特別な時。でも集まる人たちの関係は様々で、これを正しく言うのは至難の業。イギリスでは普通に兄弟姉妹のお父さんが別だったりするので、色々な呼び方をチェックしてみよう！

色々な呼び方

Direct family 直系家族

両親	**Father** and **Mother**
祖父母	**Grandfather** and **Grandmother**
兄弟姉妹	**Brother** and **Sister**
子供	**Son** and **Daughter**
孫	**Grand son** and **Grand daughter**

Extended family 親戚を含めた家族

おじ&おば	**Uncle** and **Aunt**
いとこ	**Cousin**
おい&めい	**Nephew** and **Niece**

in-law 姻戚（血縁関係のない親戚） ※後ろに in-law が付きます。

義理の父&義理の母	**Father-in-law** and **Mother-in-law**
義理の兄弟&義理の姉妹	**Brother-in-law** and **Sister-in-law**
娘の夫&息子の嫁	**Son-in-law** and **Daughter-in-law**

Step 再婚による親戚 ※前に step が付きます。

まま父	**Stepfather**
まま母	**Stepmother**
まま姉妹	**Stepsister**

Half 父母違いの兄弟姉妹

父母違いの兄弟	**Half-brother**
父母違いの姉妹	**Half-sister**

Episode
11

オリジナルケーキが大人気!?

イメージやキャラクターを説明しよう

Lesson 11

ケーキ作りに限らず、イメージやキャラクター性を伝えるのは日常生活でも多々あります。ここでは、反対の意味を持つ形容詞を幾つかご紹介！ 中にはひとつの単語で両方の意味を持つものも。シチュエーションによって使い分けましょう。

 会話に役立つ**14**セット

1 tidy ⟷ **untidy**
［小綺麗］　　　　　［乱雑な］

2 optimistic ⟷ **pessimistic**
［楽天的な］　　　　　［悲観的な］

3 energetic ⟷ **lazy**
［活動的な］　　　　　［怠惰な］

4 generous ⟷ **stingy/mean**
［寛大な］　　　　　［ケチな／欲深い］

5 sociable ⟷ **unsociable**
［社交的な］　　　　　［社交嫌いな］

6 **easy-going** ⟷ **moody**
［のんきな／無頓着な］　　［憂鬱な］

7 **talkative** ⟷ **quiet**
［話し好きな／お喋りな］　　［物静かな／無口な］

8 **sociable/out-going** ⟷ **shy**
［社交的な／遠慮のない］　　［控えめな／恥ずかしがり屋な］

9 **hard-working** ⟷ **lazy**
［勤勉な］　　［怠けた］

10 **cheerful** ⟷ **sad/miserable**
［楽観的な／楽しい］　　［悲しい／惨めな］

11 **patient** ⟷ **impatient**
［辛抱強い］　　［イライラしている］

12 **sensitive** ⟷ **insensitive**
［気がまわる／傷つきやすい］　　［鈍感な／心無い］

13 **ambitious** ⟷ **unambitious**
［大望のある／野心的な］　　［野心のない／大望のない］

14 **reliable** ⟷ **unreliable**
［信頼できる］　　［当てにならない］

Episode
12

take と bring,
go と come の違い

言葉の使い分け "too/enough"

Lesson 12

"take/bring"のように反対の使い方と共に覚えておきたいのが、量や大きさについて表す"too/enough"。「〜過ぎ」「十分〜」「不十分」などは、日常生活でよく使う表現です。

tooの使い方

名詞の前に many か much を置くと「多すぎる○○」という表現になります。

● **too** ＋ 形容詞

例文　I went to bed **too** late last night.
（昨晩、就寝するのが**遅すぎ**ました。）

● **too many** ＋ 数えられる名詞

例文
There are **too many** books on the table.
（机の上に本が**あり過ぎ**ます。）

● **too much** ＋ 数えられない名詞

例文
I'm not going on holiday this year because it'll cost **too much** money.
（お金が**かかり過ぎる**から、私は今年ホリディには出かけません。）

enoughの使い方

形容詞や副詞を組み合わせる時には、順番が後ろになります。

● **enough** + 名詞

> 例文　He didn't get the job because he didn't have **enough** experience.
> （彼は**十分な経験**がなかったため、仕事を手にすることが出来なかったのです。）

● 形容詞 + **enough**

> 例文　She's not old **enough** to get married.
> （彼女は結婚するのに**十分な年齢**じゃないのです。）

● 副詞 + **enough**

> 例文　He didn't play well **enough**.
> （彼の演奏は**満足できる**ものではなかった。）

Episode
13

ライフワークはお散歩

仲良くなってくると使える アドバイスや感謝の言葉

Lesson 13

付き合いが深まり、仲良くなってくると「〜した方がいいよ」とか「それはやめた方がいいよ！」と友人にアドバイスする機会もあると思います。また、感謝の言葉を相手に伝えるためのバリエーションも紹介します！

基本的なアドバイス＆提案表現

- I don't think you **should** go out so much.
（あなたはそんなに幾度も外出するべきではないわ。）

- **Shall we** have a game of cards?
（トランプゲームしましょう！）

- **If I were you, I would** say "yes" to him!
（もし私があなただったら彼に"イエス"って言うのに！）

- You **ought to** save some money.
（あなたはいくらかお金を蓄えるべきよ。）

- **Why didn't you** tell me?
（どうして私に話してくれなかったの？）

- You **had better** ask her out!
（あなたは彼女をデートに誘うべきよ！）

※had better に否定形はありません。やや強い表現なので、使うのは友人や家族のみにしてください。

アドバイス&を受けた時の答え方

- **That's good idea!**
  （それはとってもいいアイディアね！）

- **Good idea, but…**
  （いい考えね、でも…。）

- **Why didn't I think of that?**
  （どうしてそう思わなかったんだろう？）

- **I'd rather not!**
  （気が進まないの。）

- **I don't feel like going for a walk.**
  （私は散歩に行きたい気分じゃないの。）

「ありがとう」感謝の気持ちを伝える時
Thank you だけではつまらない

- **Thanks a million for 〜**
- **A big thank you for 〜**

〜に部分に入る一例

- coming to my house.　（家に来てくれて）
- a nice meal.　（美味しい食事）
- your hospitality.　（あなたのもてなし）

重盛佳世の好評既刊

▼ このコミックの原作本 ▼

全くダメな英語が1年で話せた！
アラフォー OL Kayoの
『秘密のノート』とことん初級編
1,200円+税　発行・発売：マガジンハウス

全くダメな英語が1年で話せた！
アラフォー OL Kayoの
『秘密のノート』
1,200円+税　発行・発売：マガジンハウス

iPhone/iPad/Android

アプリでも勉強できます！

全くダメな英語が
1年で話せた！
アラフォー OL Kayoの
『秘密のノート』

iPhone
iPad版 　　Android版

全くダメな英語が
1年で話せた！
アラフォー OL Kayoの
『秘密のノート』動画編

iPhone
iPad版 　　Android版

※2017年春リリース！

食いしん坊Kayoの
おいしい英語 "食"で学ぶと、
英会話は楽しい！
1,200円+税　発行・発売：マガジンハウス

たかはしみきの好評既刊

たかはし家に来た子犬のハルとソラ。楽しい日々を送ってきたが、ソラが余命三ヶ月に。感動のエッセイマンガ、描き下ろしを含め復活!

ハルとソラのミニチュアな日々 新装版
1,100円+税　発行:幻冬舎コミックス　発売:幻冬舎

【初出】 Lesson 1〜13「全くダメな英語が1年で話せた！アラフォーOL Kayoの『秘密のノート』」
（マガジンハウス刊）
【協力・監修】 重盛佳世
【デザイン】 荒木未来

全くダメな英語が1年で話せた！
アラフォーOL Kayoのイギリス奮闘記

2017年2月28日　第1刷発行

著 者	重盛佳世　たかはしみき
発行人	石原正康
発行元	株式会社 幻冬舎コミックス
	〒151-0051　東京都渋谷区千駄ヶ谷4-9-7
	TEL　03-5411-6431（編集）
発売元	株式会社 幻冬舎
	〒151-0051　東京都渋谷区千駄ヶ谷4-9-7
	TEL　03-5411-6222（営業）
	振替 00120-8-767643
印刷・製本所	光邦

検印廃止
万一、落丁乱丁のある場合は送料当社負担でお取替致します。幻冬舎宛にお送り下さい。本書の一部あるいは全部を無断で複写複
製（デジタルデータ化も含みます）、放送、データ配信等をすることは、法律で認められた場合を除き、著作権の侵害となります。
定価はカバーに表示してあります。

©KAYO SHIGEMORI,MIKI TAKAHASHI,GENTOSHA COMICS 2017
ISBN978-4-344-83896-3　C0095　Printed in Japan

幻冬舎コミックスホームページ
http://www.gentosha-comics.net